学校 - škola	2
旅行 - cesta	5
交通运输 - doprava	8
城市 - mesto	10
地形 - terén	14
餐馆 - reštaurácia	17
超市 - supermarket	20
饮料 - nápoje	22
食物 - jedlo	23
农场 - farma	27
房子 - dom	31
客厅 - obývačka	33
厨房 - kuchyňa	35
浴室 - kúpeľňa	38
儿童房 - detská izba	42
衣服 - šatstvo	44
办公室 - kancelária	49
经济 - hospodárstvo	51
职业 - povolania	53
工具 - náradie	56
乐器 - hudobné nástroje	57
动物园 - ZOO	59
体育 - šport	62
活动 - aktivity	63
家 - rodina	67
身体 - telo	68
医院 - nemocnica	72
紧急情况 - urgentný prípad	76
地球 - Zem	77
钟表 - hodiny	79
周 - týždeň	80
年 - rok	81
形状 - tvary	83
颜色 - farby	84
反义词 - protiklady	85
数字 - čísla	88
语言 - jazyky	90
谁/什么/怎样 - kto/čo/ako	91
方位 - kde	92

Impressum
Verlag: BABADADA GmbH, Nedderfeld 112 , 22529 Hamburg
Geschäftsführer / Verlagsleitung: Harald Hof
Druck: Books on Demand GmbH, In de Tarpen 42, 22848 Norderstedt

Imprint
Publisher: BABADADA GmbH, Nedderfeld 112 , 22529 Hamburg, Germany
Managing Director / Publishing direction: Harald Hof
Print: Books on Demand GmbH, In de Tarpen 42, 22848 Norderstedt, Germany

教室
trieda

除
deliť

186/2

黑板
tabuľa

校园
školský dvor

老师
učiteľ

纸
papier

书写
písať

钢笔
pero

办公桌
písací stôl

直尺
pravítko

书
kniha

学生
žiak

书包

školská taška

铅笔盒

peračník

铅笔

ceruza

卷笔刀

strúhadlo na ceruzky

橡皮擦

guma

画板

skicár

图画
kresba

画笔
štetec

颜料盒
vodové farby

剪刀
nožnice

胶水
lepidlo

练习册
cvičný zošit

家庭作业
domáca úloha

12

数字
číslo

2+2

加
sčítať

5-2

减
odčítať

2×2

乘
násobiť

计算
počítať

A

字母
písmeno

ABCDEFG
HIJKLMN
OPQRSTU
VWXYZ

字母表
abeceda

hello

字
slovo

学校 - škola

课文

text

读

čítať

粉笔

krieda

上课

hodina

登记

triedna kniha

考试

skúška

证书

certifikát

校服

školská uniforma

教育

vzdelanie

百科全书

encyklopédia

大学

univerzita

显微镜

mikroskop

地图

mapa

废纸筐

kôš na papier

酒店
hotel

青年旅社
nocľaháreň

外币兑换处
zmenáreň

手提箱
kufor

汽车
auto

语言
jazyk

是/否
áno/nie

好的
v poriadku

您好
ahoj

翻译员
prekladateľ

谢谢
ďakujem

……多少钱？

Koľko stojí ... ?

我不明白

Nerozumiem

问题

problém

晚上好！

Dobrý večer!

早上好！

Dobré ráno!

晚安！

Dobrú noc!

再见

Dovidenia

方向

smer

行李

batožina

包

taška

双肩包

batoh

客人

hosť

房间

izba

睡袋

spacák

帐篷

stan

旅游信息

informácie pre turistov

海滩

pláž

信用卡

kreditná karta

早餐

raňajky

午餐

obed

晚餐

večera

票

cestovný lístok

电梯

výťah

邮票

poštová známka

边界

hranica

海关

clo

大使馆

veľvyslanectvo

签证

vízum

护照

cestovný pas

飞机
lietadlo

船
loď

消防车
požiarnické auto

公交车
autobus

卡车
nákladné auto

汽艇
motorový čln

自行车
bicykel

汽车
auto

摆渡船

trajekt

小船

loď

摩托车

motorka

警车

policajné auto

赛车

pretekárske auto

租车

vozidlo z požičovne

拼车
carsharing

拖车
odťahové auto

垃圾车
smetiarske auto

发动机
motor

汽油
benzín

加油站
čerpacia stanica

交通标志
dopravná značka

交通
premávka

交通堵塞
zápcha

停车场
parkovisko

火车站
vlaková stanica

轨道
trate

火车
vlak

电车
električka

货车
vagón

交通运输 - doprava

直升机

helikoptéra

机场

letisko

塔

veža

乘客

pasažier

集装箱

kontajner

纸板箱

kartón

手推车

vozík

篮子

kôš

起飞/降落

štartovať / pristáť

城市

mesto

村庄

dedina

市中心

centrum mesta

房子

dom

电影院
kino

广告
reklama

路灯
pouličná lampa

街道
ulica

出租车
taxík

小吃店
stánok

行人
chodec

人行道
chodník

十字路口
križovatka

斑马线
prechod pre chodcov

垃圾箱
kontajner

红绿灯
semafór

CINEMA

小屋

chata

公寓

byt

火车站

vlaková stanica

市政厅

radnica

博物馆

múzeum

学校

škola

大学

univerzita

银行

banka

医院

nemocnica

酒店

hotel

药房

lekáreň

办公室

kancelária

书店

kníhkupectvo

商店

obchod

花店

kvetinárstvo

超市

supermarket

市场

trh

百货商店

obchodný dom

鱼店

obchodník s rybami

购物中心

nákupné stredisko

海港

prístav

公园

park

长凳

lavička

桥

most

楼梯

schody

地铁

metro

隧道

tunel

公交车站

autobusová zastávka

酒吧

bar

餐馆

reštaurácia

邮筒

poštová schránka

路标

tabuľa s názvom ulice

停车计时器

parkovacie hodiny

动物园

ZOO

游泳馆

plaváreň

清真寺

mešita

农场

farma

污染

znečisťovanie životného prostredia

墓地

cintorín

教堂

kostol

操场

ihrisko

寺庙

chrám

地形

terén

树叶
list

指示牌
smerová tabuľa

路
cesta

草地
lúka

石头
kameň

树
strom

徒步旅行
者
turista

河
rieka

草
tráva

花
kvet

峡谷

dolina

山

kopec

湖

jazero

森林

les

沙漠

púšť

火山

vulkán

城堡

zámok

彩虹

dúha

蘑菇

hríb

棕榈树

palma

蚊子

komár

苍蝇

mucha

蚂蚁

mravec

蜜蜂

včela

蜘蛛

pavúk

甲虫

chrobák

青蛙

žaba

松鼠

veverička

刺猬

jež

野兔

zajac

猫头鹰

sova

鸟

vták

天鹅

labuť

野猪

diviak

鹿

jeleň

麋鹿

los

水坝

hrádza

风力发电机

veterná turbína

太阳能电池板

solárny panel

气候

podnebie

服务员
čašník

菜单
jedálny lístok

椅子
stolička

汤
polievka

披萨饼
pizza

桌布
obrus

餐具
príbor

前菜
predjedlo

主菜
hlavné jedlo

甜点
zákusok

饮料
nápoje

食物
jedlo

瓶子
fľaša

快餐

fast-food

街边小吃

street food

茶壶

kanvica na čaj

糖盒

cukornička

一份饭菜

porcia

意式咖啡机

stroj na espresso

高脚椅

detská stolička

账单

účet

托盘

podnos

刀

nôž

餐叉

vidlička

勺子

lyžica

茶匙

čajová lyžička

餐巾

obrúsok

玻璃杯

pohár

碟子
tanier

汤盘
hlboký tanier

碟子
podšálka

酱
omáčka

盐瓶
soľnička

胡椒磨
mlynček na korenie

醋
ocot

食用油
olej

调味料
korenie

番茄酱
kečup

芥末
horčica

蛋黄酱
majonéza

特价
špeciálna ponuka

顾客
klient

乳制品
mliečne výrobky

水果
ovocie

购物车
nákupný vozík

FOR

肉铺

mäsiarstvo

面包房

pekáreň

称重

vážiť

蔬菜

zelenina

肉

mäso

冷冻食品

mrazené potraviny

冷盘

nárez

罐头食品

konzervy

洗衣粉

prací prostriedok

甜食

sladkosti

日用品

domáce potreby

清洁用品

čistiace prostriedky

销售员

predavačka

收银机

pokladňa

收银员

pokladník

购物清单

nákupný zoznam

开放时间

otváracie hodiny

钱包

peňaženka

信用卡

kreditná karta

袋子

taška

塑料袋

plastové vrecko

水

voda

果汁

džús

牛奶

mlieko

可乐

kola

红酒

víno

啤酒

pivo

酒

alkohol

可可

kakao

茶

čaj

咖啡

káva

意式浓缩咖啡

espresso

卡布奇诺

kapučíno

香蕉

banán

苹果

jablko

橙子

pomaranč

西瓜

melón

柠檬

citrón

胡萝卜

mrkva

大蒜

cesnak

竹子

bambus

洋葱

cibuľa

蘑菇

hríb

坚果

orechy

面条

rezance

意大利面条

špagety

米饭

ryža

沙拉

šalát

薯条

hranolky

炸土豆

pečené zemiaky

披萨饼

pizza

汉堡包

hamburger

三明治

obložený chlebík

炸猪排

rezeň

火腿

šunka

萨拉米

saláma

香肠

klobása

鸡肉

kurča

烤肉

pečené mäso

鱼

ryba

燕麦片

ovsené vločky

穆兹利

müsli

玉米片

kukuričné lupienky

面粉

múka

羊角面包

croissant

面包卷

pečivo

面包

chlieb

烤面包

hrianka

饼干

sušienky

黄油

maslo

凝乳

tvaroh

蛋糕

koláč

蛋

vajce

煎蛋

volské oko

奶酪

syr

冰激凌

zmrzlina

糖

cukor

蜂蜜

med

果酱

lekvár

巧克力酱

nugátová nátierka

咖喱饭

karí korenie

农舍
sedliacky dom

粮仓
stodola

稻草捆
stoch slamy

田野
pole

马
kôň

拖车
prives

马驹
žriebä

拖拉机
traktor

驴
somár

羔羊
jahňa

羊
ovca

山羊
koza

奶牛
krava

牛犊
teľa

猪
prasa

小猪
prasiatko

公牛
býk

鹅

hus

鸭

kačica

小鸡

kuriatko

母鸡

sliepka

公鸡

kohút

鼠

potkan

猫

mačka

老鼠

myš

牛

vôl

狗

pes

狗屋

psia búda

花园浇水软管

záhradná hadica

洒水壶

krhla

长柄大镰刀

kosa

犁

pluh

镰刀

kosák

锄头

motyka

长柄草耙

vidly na hnoj

斧头

sekera

独轮手推车

fúrik

饲料槽

koryto

牛奶罐

kanva na mlieko

麻布袋

vrece

栅栏

plot

马厩

maštaľ

温室

skleník

土壤

pôda

种子

osivo

肥料

hnojivo

联合收割机

kombajn

收割

žať

收割

žatva

山药

batát

小麦

pšenica

大豆

sója

土豆

zemiak

玉米

kukurica

油菜籽

repka

果树

ovocný strom

树薯

maniok

谷物

obilie

烟囱
komín

屋顶
strecha

落水管
dažďový odkvap

窗户
okno

车库
garáž

门铃
zvonček

门
dvere

垃圾桶
odpadkový kôš

信箱
poštová schránka

花园
záhrada

客厅
obývačka

浴室
kúpeľňa

厨房
kuchyňa

卧室
spálňa

儿童房
detská izba

餐厅
jedáleň

地板

podlaha

墙壁

stena

吊顶

strop

地窖

pivnica

桑拿

sauna

阳台

balkón

露台

terasa

游泳池

bazén

割草机

kosačka

被单

obliečka

床罩

posteľná prikrývka

床

posteľ

扫帚

metla

水桶

vedro

开关

vypínač

壁纸
tapeta

照片
obraz

台灯
lampa

搁架
regál

橱柜
skriňa

电视机
televízor

壁炉
kozub

花
kvet

垫子
vankúš

沙发
pohovka

花瓶
váza

遥控器
diaľkové ovládanie

地毯

koberec

窗帘

záclona

餐桌

stôl

椅子

stolička

摇椅

hojdacie kreslo

扶手椅

kreslo

书

kniha

毯子

prikrývka

装饰品

dekorácia

木柴

drevo na kúrenie

电影

film

高保真音响

hi-fi veža

钥匙

kľúč

报纸

noviny

油画

maľba

海报

plagát

收音机

rádio

笔记本

zápisník

吸尘器

vysávač

仙人掌

kaktus

蜡烛

sviečka

冰箱
chladnička

微波炉
mikrovlnka

厨房秤
kuchynské váhy

烤面包机
hriankovač

洗洁精
čistiaci prostriedok

冰柜
mraziarenský box

烤箱
pec

垃圾桶
odpadkový kôš

洗碗机
umývačka riadu

炊具
·················
sporák

锅
·················
hrniec

铸铁锅
·················
železný hrniec

炒锅
·················
wok / kadai

平底锅
·················
panvica

水壶
·················
rýchlovarná kanvica

蒸锅

parný hrniec

烤盘

plech na pečenie

陶瓷锅

riad

马克杯

pohár

碗

misa

筷子

paličky

长柄勺

naberačka na polievku

铲子

stierka

搅拌器

metlička

滤网

cedidlo

筛子

sitko

磨碎机

strúhadlo

研钵

mažiar

烧烤

gril

明火

ohnisko

菜板

doska na krájanie

擀面杖

valček na cesto

开瓶器

vývrtka

罐子

konzerva

开罐器

otvárač na konzervy

隔热手套

chňapka

水槽

výlevka

刷子

kefa

海绵

hubka

搅拌机

mixér

冷藏箱

mraznička

奶瓶

kojenecká fľaša

水龙头

vodovodný kohútik

供暖设备
kúrenie

淋浴
sprcha

毛巾
uterák

浴帘
sprchový záves

泡沫浴
pena do kúpeľa

浴缸
vaňa

玻璃杯
pohár

洗衣机
práčka

水龙头
vodovodný kohútik

瓷砖
dlaždice

便壶
nočník

水槽
výlevka

厕所

záchod

蹲便器

suchý záchod

坐浴器

bidet

小便池

pisoár

厕纸

toaletný papier

马桶刷

záchodová kefa

牙刷
zubná kefka

牙膏
zubná pasta

牙线
dentálna niť

洗
umývať

手持式喷淋头
ručná sprcha

冲洗器
sprcha pre intímnu hygienu

洗脸盆
umývadlo

擦背刷
kefa na chrbát

肥皂
mydlo

沐浴露
sprchový gél

洗发水
šampón

法兰绒
frotírová rukavica

排水
odtok

乳霜
krém

除臭剂
dezodorant

镜子

zrkadlo

手镜

kozmetické zrkadlo

剃须刀

žiletka

剃须泡沫

pena na holenie

须后水

voda po holení

梳子

hrebeň

刷子

kefa

吹风机

sušič vlasov

喷发定型剂

sprej na vlasy

化妆品

make-up

唇膏

rúž

指甲油

lak na nechty

化妆棉

vata

指甲剪

nožnice na nechty

香水

parfum

浴室 - kúpeľňa

洗漱包

kozmetická taška

凳子

stolček

计重秤

váha

浴袍

kúpací plášť

橡胶手套

gumové rukavice

卫生棉条

tampón

卫生巾

menštruačná vložka

化学厕所

chemické WC

闹钟
budík

毛绒玩具
plyšová hračka

玩具车
hračkárske auto

拨浪鼓
hrkálka

玩具屋
domček pre bábiky

礼物
dar

气球
balón

床
posteľ

（洋娃娃用）婴儿车
detský kočík

扑克牌
karty

拼图
puzzle

漫画
komix

乐高积木

skladačka lego

积木玩具

stavebnica

玩具人

akčná postavička

婴儿服

dupačky

飞盘

lietajúci tanier

床铃玩具

závesné hračky

棋盘游戏

stolová hra

骰子

kocka

火车模型

modelový vláčik

安抚奶嘴

cumlík

聚会

párty

绘本

obrázková kniha

球

lopta

洋娃娃

bábika

玩

hrať sa

沙坑

pieskovisko

秋千

hojdačka

玩具

hračky

游戏机

hracia konzola

三轮车

trojkolka

泰迪熊

medvedík

衣柜

šatník

衣服

šatstvo

袜子

ponožky

长袜

pančuchy

紧身裤

pančuchové nohavičky

围巾
šál

雨伞
dáždnik

T恤
tričko

皮带
opasok

靴子
čižmy

拖鞋
papuče

运动鞋
tenisky

凉鞋
sandále

鞋
topánky

雨靴
gumáky

内裤
spodky

胸罩
podprsenka

背心
tielko

衣服 - šatstvo

45

身体

body

裤子

nohavice

牛仔裤

džínsy

短裙

sukňa

女式衬衫

blúzka

衬衫

košeľa

套头衫

pulóver

卫衣

sveter

西装夹克

blejzer

夹克

bunda

外套

kabát

雨衣

pršiplášť

套装

kostým

连衣裙

šaty

婚纱

svadobné šaty

西装

oblek

睡袍

nočná košeľa

睡衣

pyžamo

莎丽

sari

头巾

šatka na hlavu

包头巾

turban

波卡

burka

卡夫坦

kaftan

(阿拉伯式)长袍

abaja

泳衣

dvojdielne plavky

男式泳裤

plavky

短裤

šortky

运动服

tepláková súprava

围裙

zástera

手套

rukavice

衣服 - šatstvo

纽扣

gombík

眼镜

okuliare

手链

náramok

项链

retiazka

戒指

prsteň

耳环

náušnica

便帽

čiapka

衣架

vešiak

帽子

klobúk

领带

kravata

拉链

zips

头盔

prilba

背带

traky

校服

školská uniforma

制服

uniforma

衣服 - šatstvo

围兜
podbradník

安抚奶嘴
cumlík

尿不湿
plienka

办公室
kancelária

文件柜
skriňa na spisy

服务器
server

打印机
tlačiareň

显示屏
monitor

纸
papier

鼠标
myš

文件夹
zakladač

办公桌
písací stôl

键盘
klávesnica

椅子
stolička

废纸筐
kôš na papier

电脑
počítač

咖啡杯
hrnček na kávu

计算器
kalkulačka

因特网
internet

笔记本电脑

laptop

信件

list

消息

správa

手机

mobil

网络

sieť

复印机

kopírka

软件

softvér

电话

telefón

插座

elektrická zásuvka

传真机

fax

表格

formulár

文件

doklad

买

kúpiť

付钱

platiť

交易

obchodovať

现金

peniaze

美元

dolár

欧元

euro

日元

jen

卢布

rubeľ

瑞士法郎

švajčiarsky frank

人民币

čínsky jüan

卢比

rupia

提款处

bankomat

外币兑换处

zmenáreň

金

zlato

银

striebro

石油

ropa

能源

energia

价格

cena

合同

zmluva

税金

daň

股票

akcia

工作

pracovať

职员

zamestnanec

老板

zamestnávateľ

工厂

továreň

商店

obchod

警官
policajt

消防员
hasič

飞行员
pilót

厨师
kuchár

医生
lekár

园丁
záhradník

木匠
stolár

裁缝
krajčírka

法官
sudca

化学家
chemik

演员
herec

公交车司机

vodič autobusu

出租车司机

taxikár

渔夫

rybár

清洁女工

upratovačka

屋顶工

pokrývač

服务员

čašník

猎人

poľovník

画家

maliar

面包师

pekár

电工

elektrikár

建筑工人

stavebný robotník

工程师

inžinier

屠夫

mäsiar

水管工

klampiar

邮递员

poštár

士兵

vojak

建筑师

architekt

收银员

pokladník

花农

kvetinár

理发师

kaderník

售票员

sprievodca

机械师

mechanik

船长

kapitán

牙医

zubár

科学家

vedec

拉比

rabín

伊玛目

imám

和尚

mních

牧师

farár

工具

náradie

铁锤
kladivo

钳子
klište

螺丝刀
skrutkovač

扳手
kľúč na skrutky

手电筒
baterka

挖掘机

bager

工具箱

súprava náradia

梯子

rebrík

锯子

pílka

钉子

klince

钻机

vrták

修
....
opraviť

铲子
....
lopata

靠！
....
Do čerta!

簸箕
....
lopatka na smeti

油漆桶
....
nádoba s farbou

螺丝
....
skrutky

乐器

hudobné nástroje

扬声器
reproduktor

打击乐器
bicie

吉他
gitara

低音提琴
kontrabas

小号
trúbka

钢琴

klavír

小提琴

husle

贝斯

basa

定音鼓

tympany

鼓

bubon

电子琴

klávesnica

萨克斯管

saxofón

长笛

flauta

麦克风

mikrofón

　　　　乐器 - hudobné nástroje

老虎
tiger

入口
▶ vstup

笼子
klietka

斑马
zebra

动物饲料
krmivo pre zver

熊猫
panda

动物

zvieratá

大象

slon

袋鼠

klokan

犀牛

nosorožec

大猩猩

gorila

熊

medveď

骆驼

ťava

鸵鸟

pštros

狮子

lev

猴子

opica

火烈鸟

plameniak

鹦鹉

papagáj

北极熊

ľadový medveď

企鹅

tučniak

鲨鱼

žralok

孔雀

páv

蛇

had

鳄鱼

krokodíl

动物园管理员

ošetrovateľ v ZOO

海豹

tuleň

美洲豹

jaguár

矮种马

poník

豹

leopard

河马

hroch

长颈鹿

žirafa

老鹰

orol

野猪

diviak

鱼

ryba

龟

korytnačka

海象

mrož

狐狸

líška

羚羊

gazela

橄榄球
americký futbal

骑自行车
cyklistika

网球
tenis

篮球
basketbal

游泳
plávanie

拳击
box

冰球
hokej

英式足球

futbal

羽毛球

bedminton

田径

ľahká atletika

手球

hádzaná

滑雪

lyžovanie

马球

pólo

跳
skočiť

笑
smiať sa

拥抱
objať

走路
chodiť

唱
spievať

做梦
snívať

祈祷
modliť sa

亲吻
pobozkať

书写	画	展示
písať	kresliť	ukázať

推	给	拿
tlačiť	dať	brať

有
mať

做
robiť

当
byť

站
stáť

跑
bežať

拉
ťahať

扔
hádzať

摔倒
padnúť

躺
ležať

等待
čakať

携带
nosiť

坐
sedieť

穿衣
obliecť sa

睡觉
spať

醒来
zobudiť sa

看

pozerať

哭

plakať

抚摸

hladkať

梳头

česať

交谈

hovoriť

明白

rozumieť

问

pýtať sa

听

počuť

喝

piť

吃

jesť

清理

upratať

爱

milovať

做饭

variť

开车

jazdiť

飞

letieť

航行

plachtiť

计算

počítať

读

čítať

学习

učiť sa

工作

pracovať

结婚

oženiť

缝

šiť

刷牙

čistiť zuby

杀

zabiť

抽烟

fajčiť

寄

poslať

rodina

祖母
stará mama

祖父
starý otec

父亲
otec

母亲
mama

婴童
bábo

女儿
dcéra

儿子
syn

客人
hosť

阿姨
teta

叔叔
strýko

兄弟
brat

姐妹
sestra

身体

telo

前额
▶ čelo

眼睛
oko

手指
prst

肩膀
plece ◢

脸 ◣
tvár

下巴
brada

手
ruka

乳房
hruď ◢

腿
noha

◣ 手臂
rameno

婴童
....
bábo

男人
....
muž

女人
....
žena

女孩
....
dievča

男孩
....
chlapec

头
....
hlava

背部
chrbát

肚子
brucho

肚脐
pupok

脚趾
prst na nohe

脚后跟
päta

骨头
kosť

臀部
bok

膝盖
koleno

手肘
lakeť

鼻子
nos

屁股
zadok

皮肤
koža

脸颊
líce

耳朵
ucho

嘴唇
pery

身体 - telo

嘴

ústa

牙齿

zub

舌头

jazyk

脑

mozog

心脏

srdce

肌肉

svaly

肺

pľúca

肝脏

pečeň

胃

žalúdok

肾脏

obličky

性交

pohlavný styk

避孕套

kondóm

卵子

vaječná bunka

精子

semeno

怀孕

tehotenstvo

月经

menštruácia

阴道

vagína

阴茎

penis

眉毛

obočie

头发

vlasy

脖子

krk

医院
nemocnica

救护车
sanitka

轮椅
invalidný vozík

骨折
zlomenina

医生

lekár

急诊室

urgentný príjem

护士

sestrička

紧急情况

urgentný prípad

昏迷

v bezvedomí

痛

bolesť

受伤

zranenie

出血

krvácanie

心脏病发作

srdcový infarkt

中风

mozgová porážka

过敏

alergia

咳嗽

kašeľ

发烧

teplota

流感

chrípka

腹泻

hnačka

头痛

bolesť hlavy

癌症

rakovina

糖尿病

cukrovka

外科医生

chirurg

手术刀

skalpel

手术

operácia

CT

CT

X光

RTG

超声波

ultrazvuk

口罩

maska

疾病

choroba

候诊室

čakáreň

拐杖

barla

石膏

náplasť

绷带

obväz

注射

injekcia

听诊器

fonendoskop

担架

nosidlá

体温计

teplomer

出生

pôrod

超重

nadváha

助听器

audiofón

消毒液

dezinfekčný prostriedok

感染

infekcia

病毒

vírus

艾滋病

HIV / AIDS

药物

medicína

接种疫苗

očkovanie

药片

tabletky

药丸

antikoncepčná pilulka

急救电话

tiesňové volanie

血压计

tlakomer

生病/健康

chorý / zdravý

救命！

Pomoc!

警报

alarm

突击

prepad

攻击

útok

危险

nebezpečenstvo

紧急出口

núdzový východ

着火啦！

Horí!

灭火器

hasičský prístroj

意外

nehoda

急救箱

kufrík prvej pomoci

呼救信号

SOS

警察

polícia

欧洲

Európa

北美洲

Severná Amerika

南美洲

Južná Amerika

非洲

Afrika

亚洲

Ázia

澳洲

Austrália

大西洋

Atlantický oceán

太平洋

Tichý oceán

印度洋

Indický oceán

南冰洋

Južný oceán

北冰洋

Severný ľadový oceán

北极

Severný pól

南极
Južný pól

南极洲
Antarktída

地球
Zem

陆地
krajina

海
more

岛
ostrov

国家
národ

国家
štát

钟面

ciferník

时针

hodinová ručička

分针

minútová ručička

秒针

sekundová ručička

现在几点？

Koľko je hodín?

天

deň

时间

čas

现在

teraz

电子表

digitálne hodiny

分

minúta

时

hodina

周一 pondelok
周三 streda
周五 piatok
周二 utorok
周四 štvrtok
周六 sobota
周日 nedeľa

昨天

včera

今天

dnes

明天

zajtra

早晨

ráno

中午

poludnie

晚上

večer

MO	TU	WE	TH	FR	SA	SU
1	2	3	4	5	6	7
8	9	10	11	12	13	14
15	16	17	18	19	20	21
22	23	24	25	26	27	28
29	30	31	1	2	3	4

工作日

pracovné dni

MO	TU	WE	TH	FR	SA	SU
1	2	3	4	5	6	7
8	9	10	11	12	13	14
15	16	17	18	19	20	21
22	23	24	25	26	27	28
29	30	31	1	2	3	4

周末

víkend

雨
▶ dážď

彩虹
▶ dúha

风
▼ vietor

雪
sneh ▼

春
jar

夏
leto

秋
jeseň

冬
zima

天气预报

predpoveď počasia

温度计

teplomer

阳光

slnečný svit

云

oblak

雾

hmla

潮湿

vlhkosť vzduchu

闪电

blesk

打雷

hrom

风暴

búrka

冰雹

krúpy

季风

monzún

洪水

záplava

冰

ľad

一月

január

二月

február

三月

marec

四月

apríl

五月

máj

六月

jún

七月

júl

八月

august

九月

september

十月

október

十一月

november

十二月

december

形状

tvary

圆形

kruh

正方形

štvorec

长方形

obdĺžnik

三角形

trojuholník

球体

guľa

立方体

kocka

白

biela

黄

žltá

橙

oranžová

粉

ružová

红

červená

紫

fialová

蓝

modrá

绿

zelená

棕

hnedá

灰

šedá

黑

čierna

很多/少许

veľa / málo

生气/平静

zúrivý / pokojný

美/丑

pekný / škaredý

首/尾

začiatok / koniec

大/小

veľký / malý

明/暗

svetlý / tmavý

兄弟/姐妹

brat / sestra

干净/肮脏

čistý / špinavý

完整/缺失

úplný / neúplný

白天/晚上

deň / noc

死/生

mŕtvy / živý

宽/窄

široký / úzky

可食用/非食用

chutný / nechutný

邪恶/善良

zlostný / láskavý

兴奋/无聊

vzrušený / unudený

胖/瘦

tlstý / chudý

第一/最后

prvý / posledný

朋友/敌人

priateľ / nepriateľ

满/空

plný / prázdny

硬/软

tvrdý / mäkký

重/轻

ťažký / ľahký

饿/渴

hlad / smäd

生病/健康

chorý / zdravý

非法/合法

nelegálny / legálny

聪明/愚笨

inteligentný / hlúpy

左/右

vľavo / vpravo

近/远

blízko / ďaleko

新/旧

nový / použitý

没有/有些

nič / niečo

老/幼

starý / mladý

开/关

zapnuté / vypnuté

打开/合上

otvorené / zatvorené

安静/吵闹

tichý / hlasný

富/穷

bohatý / chudobný

对/错

správne / nesprávne

粗糙/光滑

drsný / hladký

伤心/高兴

smutný / šťastný

短/长

krátky / dlhý

慢/快

pomaly / rýchlo

湿/干

mokrý / suchý

温暖/凉爽

teplý / studený

战争/和平

vojna / mier

反义词 - protiklady

čísla

0

零
....
nula

1

一
....
jeden

2

二
....
dva

3

三
....
tri

4

四
....
štyri

5

五
....
päť

6

六
....
šesť

7

七
....
sedem

8

八
....
osem

9

九
....
deväť

10

十
....
desať

11

十一
....
jedenásť

12

十二
dvanásť

13

十三
trinásť

14

十四
štrnásť

15

十五
pätnásť

16

十六
šestnásť

17

十七
sedemnásť

18

十八
osemnásť

19

十九
devätnásť

20

二十
dvadsať

100

百
sto

1.000

千
tisíc

1.000.000

百万
milión

英语

angličtina

美式英语

americká angličtina

普通话

mandarínska čínština

印地语

hindčina

西班牙语

španielčina

法语

francúzština

阿拉伯语

arabčina

俄语

ruština

葡萄牙语

portugalčina

孟加拉语

bengálčina

德语

nemčina

日语

japončina

我
ja

你
ty

他/她/它
on/ona/ono

我们
my

你们
vy

他们
oni

谁？
kto?

什么？
čo?

怎样？
ako?

哪里？
kde?

什么时候？
kedy?

名字
meno

后面

za

里面

v

前面

pred

上方

nad

上面

na

下面

pod

旁边

veďa

中间

medzi

地点

miesto